AF375625

Martina Stubenschrott

Die Namenswahl

Was bedeutet mir mein Familienname?

- Herkunftsname beibehalten

- Wechsel des Familiennamens

- Doppelname

- Kunstname

- …

Impressum

Bibliografische Information der Deutschen
Nationalbibliothek:
Die Deutsche Nationalbibliothek verzeichnet diese
Publikation in der Deutschen Nationalbibliografie;
detaillierte bibliografische Daten sind im Internet über
http://dnb.dnb.de abrufbar.

© 2021 Martina Stubenschrott

Herstellung und Verlag: **BoD – Books on Demand**,
Norderstedt

ISBN: 9783753458403

Inhaltsverzeichnis

EINLEITUNG

Ich lade dich ein, es dir gemütlich zu machen
und in das Namensthema hineinzufühlen.
Dein Vorname ist bewusst von deinen Eltern
gewählt. Ob wegen der Bedeutung, dem Klang,
oder dem besonderen Bezug zu einer Person.
Der Nachname hingegen ist schon „da" und
verbindet dich mit deiner Herkunftsfamilie.
Andere Bezeichnungen für den Nachnamen
sind Familienname, Zuname, Geschlechtsname
oder Ehename. Der abgelegte Familienname der
Frau wird als „Mädchenname" bezeichnet. Der
abgelegte Familienname des Mannes hieße
demnach „Bubenname".
Das Ablegen des Geburtsnamens steht für den
Beginn eines neuen Lebens. Und schon sind wir
mitten im Thema. Namen sind mehr als
Buchstaben. Sie tragen uns. Sie geben Auskunft
darüber, zu wem wir gehören. Durch den
Namen wird es möglich, wahrgenommen,
gehört und gerufen zu werden.

Richtig interessant wird es, wenn du neue
tiefgreifende Beziehungen eingehst.
Du hast die Wahl.
Welche Verbindung möchtest du hervorheben?

Die zur eigenen Herkunft gibt Auskunft über
die Vergangenheit, die in deine Gegenwart
hineinwirkt. Die Wahl, die du in der Gegenwart
triffst, sagt etwas über deine Zukunft aus, die
durch die Gegenwart gestaltet wird.

Der gewählte Nachname weist auf verschiedene
gesellschaftliche Bezüge hin:

Juristisch: Wer ist mit wem vor dem Gesetz
verbunden? Welche Rechte und Pflichten
erwachsen daraus?
Etymologisch: Herkunft und Geschichte des
Wortes. Woher stamme ich, aus welchem Land,
aus welcher Kultur? Welchen sprachlichen
Hintergrund habe ich?
Wie verläuft die eigene Familiengeschichte?
Kann ich meinen Stammbaum zurückverfolgen?
Welche Information gibt der Nachname über
das Leben meiner Vorfahren?
Religiös und kulturell: Wer ist vor Gott mit
wem verbunden? Folgt die Namensgebung
einem religiösen oder kulturellen Gebot?
Wurde das Gebot aus Pflichtgefühl oder aus
Tradition eingehalten oder habe ich meinen
Familiennamen aus freiem Willen gewählt?

Persönlich: Was verbinde ich mit meinem Nachnamen? Welche Gefühle löst er in mir aus? Welche Erinnerungen habe ich an meinen Familiennamen? Wenn ich ihm eine Farbe zuordnen wollte, welche würde ich wählen? Wofür steht die Farbe?

Wenn ich für meinen Familiennamen ein Symbol finden wollte, welches würde es sein? Wie empfinde ich das Tragen meines Familiennamens? Welche Gefühle steigen hoch? Freude? Schwere? Begrenzung? Weite? Ist die Namensveränderung oder -beibehaltung eine Chance für mich, ein Vorteil für die Teilhabe am gesellschaftlichen Leben oder ein Nachteil, ein Ausschluss? Oder stehe ich neutral zu meinem Nachnamen? Ist er für mich nachranging?

Ich lade dich ein, dich einzulassen und deinen persönlichen Bezug zu deinem Namen zu erspüren.

Durch die verschriftlichten Interviews wird ein kleiner Ausschnitt der Lebenswelt heterosexueller Beziehungen aus der Sicht der Frau erforscht. Mir geht es dabei um den Einblick in die persönlichen Motive bei der

Namenswahl und um die Auswirkungen auf
das eigene Leben und die Gefühlswelt der
Frauen. Deshalb habe ich den **narrativen**
Zugang gewählt, idiografisch – erzählend und
das Einmalige beschreibend, das Persönliche
hervorhebend.

Für manche Frauen ist die Entscheidung völlig
klar. Logisch. Unverrückbar.
Andere wiederum grübeln lange und fühlen
verschiedene Spannungsfelder.
Wenn ich nicht mehr heiße, wie ich jahrelang
gerufen wurde, wer bin ich dann?
Und kann ich meinen Namen eigentlich auch
neu wählen?
Fragen über Fragen, die ich ein klein wenig
beleuchten möchte, mit der Haltung, dass
verschiedene Antworten möglich sind.
Das Schöne und Gute ist, dass wir es selbst in
der Hand haben, wie wir unser Leben gestalten
und seit einigen Jahren in der Namenswahl frei
sind.

Zum Aufbau des Buches:

Persönliche Assoziationen zur Namenswahl
stimmen auf das Thema ein.
Der historische Überblick zum österreichischen
Namensrecht stützt sich auf die Magisterarbeit
von Sarah Zaussinger. Er ist bewusst kurz
gehalten und erhebt keinen Anspruch auf
Vollständigkeit.
Die im Hauptteil folgenden narrativen
Interviews dienen der sensitiven
Auseinandersetzung mit dem eigenen Namen.
Abschließend wage ich ein paar Deutungen, die
als Inspiration gedacht sind.

Namenswahl

Meine Lippen summen das Lied:
„Gott hat verheißen, dass *sie* wird ausrufen…"
Ich lächle. Im „Vater unser" sprechen wir:
„Geheiligt werde dein Name".
Gott verspricht, uns beim Namen zu rufen und
uns dadurch zu erkennen. Mit Leib und Seele,
da wir Gottes Kinder sind. Zu der Zeit, als diese
Worte geschrieben wurden, gab es jedoch
keinen Familiennamen, sondern nur
Ortsbezeichnungen wie Josef von „Nazaret".
Und doch legt der Familienname Zeugnis ab
von der persönlichen Geschichte und den
Wurzeln der Ahnen und Ahninnen.

Namensfolge. Das Wort impliziert die Frage,
wer wem folgt. Wer führt? Ist das so?
Zeigt der Namenswechsel ein **Machtgefälle** an?
Steckt deshalb so viel Emotion dahinter, wenn
in heterosexuellen Beziehungen untypische
Varianten gewählt werden? Wenn der Mann
den Namen der Frau annimmt, kommt aus
seiner Herkunftsfamilie nicht selten Ablehnung.
Vor allem, wenn das Weitertragen des
Familiennamens gefährdet scheint.
Was für die Frau ebenso gilt.

Die Nichtsichtbarkeit der weiblichen Linie ist
für mich ein gleich wichtiges oder nichtiges
Argument, wie umgekehrt.

Läutet somit der **Doppelname** die
Gleichstellung und Gleichwertigkeit von Mann
und Frau ein? Könnte dadurch die „entweder –
oder" Thematik der Namensfolge in Frieden
gelöst werden? Als Gegenargument wird häufig
genannt, dass der Doppelname aufgrund seiner
Länge. unpraktisch sei.

Ich erinnere mich an dieser Stelle gerne an die
eindrucksvolle Geschichte der **Habsburger**.
Maria Theresia Walburga Amalia Christina war
Fürstin aus dem Hause Habsburg, Erzherzogin
von Österreich und Königin von Ungarn und
Böhmen. Große Namen für eine große Frau.
Würde irgendjemand auf die Idee kommen, zu
sagen, dass der Name zu lang sei? Es sind dies
Bezeichnungen ihrer Ämter und Würden. Mit
Stolz und Langsamkeit vorgetragen, jeden
einzelnen Namen mit Freude betonend.

Und dann gibt es da den Brauch der **Anklopf-
zeremonie**, wenn ein Toter Einlass in die
Kapuzinergruft der österreichischen

Kaiserinnen und Kaiser begehrt. Nachzulesen
im Buch: „Das Haus Habsburg", beim
Begräbnis von Otto von Habsburg.

Der Zeremonienmeister klopft dreimal und
fragt: „Wer begehrt Einlass?"
Sodann werden alle königlichen Namen,
Würden und Besitztümer aufgezählt.
Der Zeremonienmeister antwortet:
„Wir kennen ihn nicht."
Er klopft wieder dreimal und fragt abermals:
„Wer begehrt Einlass?"
Auch beim zweiten Mal folgt eine Litanei an
Ehrentitel, diesmal akademischer Natur. Aber
wieder antwortet der Zeremonienmeister:
„Wir kennen ihn nicht."
Er klopft abermals dreimal und fragt ein letztes
Mal: „Wer begehrt Einlass?"
„Otto, ein sterblicher, sündiger Mensch!"
„So komme er herein!" (Demmerle 2016).

Was lernen wir daraus?
Einerseits beschreiben die vielen Namen welche
Spuren wir in dieser Welt hinterlassen haben,
andererseits sind sie bloß Hüllen, die wir
dalassen, wenn wir gehen.

Leben und Tod beginnen und enden nackt.
Verletzlich. Und doch sind wir in jedem
Augenblick vollkommen und ganz.

Was mich an der Zeremonie stört, ist die
Betonung der Sünde – der „sündige" Mensch.
Die katholische Kirche geht davon aus, dass
Gott im Angesichte unseres Todes richten
werde über unsere Unzulänglichkeiten.
Liebevoll deute ich um: Erkenne dich selbst,
deine Stärken wie deine Schwächen. Deine
guten Taten, wie deine misslungenen.
Ja, ich und du sind vollkommen und fehlerhaft.
Ich lade dich ein, dich mit deinem Licht und
deinem Schatten zu versöhnen.
Zu Lebzeiten.
Jesus sagt: „Wer unter euch ohne Sünde ist, der
werfe den ersten Stein" (Joh, Kap 8, Vers 7).
Jesus ruft nicht zum Verurteilen auf. Er
akzeptiert die Schwächen wie die Stärken von
Frau und Mann.

Es berührt mich, dass der Zeremonienmeister
„Otto" einlässt. Den Menschen, ohne Schnick-
Schnack. Den Kern. Der **Rufname** steht für das
Innerste.

Alles andere sind **Zusätze**. Zugehörigkeiten. Trotzdem steht der Vorgang des Benennens untrennbar mit dem Erkennen in Verbindung.

Namen tragen uns.

Die Freiheit zu wählen ist geschichtlich gesehen jung und auch wieder nicht, wie im Exkurs zum Namensrecht gezeigt wird.

Namensrecht

War es schon immer so, dass Frauen den Familiennamen ihres Mannes annahmen? Nein. Tatsächlich hat der Familienname selbst noch keine lange Tradition in der Menschheitsgeschichte.

Sarah Zaussinger stellt in ihrer Masterarbeit die Selbstverständlichkeit der Vorrangstellung des Mannes in Frage und gibt einen umfangreichen Einblick in die Entstehungsgeschichte der Familiennamen. Ich möchte aus ihrer Arbeit einige Absätze zitieren.

„Der Name des Menschen gilt als „Ausdruck seiner Individualität und Identität" (Berger 2001:17). Er ist ein wichtiger Bestandteil der Person, indem er diese in ihrer Gesamtheit nach außen hin darstellt. Verliert die Person ihren Namen, verliert sie auch einen Teil ihrer Vergangenheit, ja einen Teil ihrer Identität. (…) Da vor allem die Frau ihren Namen bei der Heirat aufgibt, ist insbesondere sie von diesem Identitätsverlust betroffen" (Zaussinger 2009, S. 1).

Zaussinger sagt damit, dass wir uns selbst und andere erst durch die Namensgebung identifizieren und zuordnen können.
Aber:
„In manchen Teilen Österreichs war der Vorname bis ins 19. Jahrhundert hinein der wichtigste Teil des Namens. In der Phase der **Einnamigkeit** konnte der **Rufname** vor allem durch seine Zweigliedrigkeit die Funktionen des Familiennamens erfüllen und war als einziger Name natürlich von größter Bedeutung" (Zaussinger 2009, S. 5).

Waren die Menschen lange Zeit mit dem Rufnamen ausgekommen, hat sich der Familienname durch die Verstädterung und das Bevölkerungswachstum allmählich entwickelt. Zaussinger schreibt:
„Die allgemein gebräuchlichste Form war die Bildung von Familiennamen aus **Rufnamen**, die größte Gruppe der heutigen Familiennamen bilden die Namen nach **Herkunftsort** und **Wohnstätte** zusammen, den wichtigsten Typus im städtischen Raum die Ableitung von **Stand** und **Beruf** und im ländlichen Bereich waren schließlich die Familiennamen aus **Übernamen** üblich" (Zaussinger 2009, S. 15).

„[Übernamen] leiten sich (…) aus besonderen körperlichen oder charakterlichen Eigenschaften der Person ab (…) und [bezogen] sich nicht selten auf negative Eigenschaften (…) und bestanden aus derben Ausdrücken" (Zaussinger 2009, S. 17).

„Das **Namenswesen** (…) beruhte [lange] auf **„Gewohnheit und Sitte"**. Man konnte frei über seinen Namen verfügen und „ihn nach Belieben abändern und wechseln" (Berger 2001:37).
Die Zeit der Beinamen war die instabilste Phase der Namensführung, es war selbstverständlich, den eigenen Namen zu ändern und auch anderen einen passenden Namen beizulegen (vgl. Berger 2001:37).
Nach dem Aufkommen von Familiennamen wurden Namen zwar konstanter getragen, jedoch gab es immer wieder Gründe, auch diese zu wechseln, etwa bei einem Ortswechsel" (zit. n. Zaussinger 2009, S. 18).

„In Österreich wurde der Erwerb des Familiennamens erstmals von **Kaiser Joseph II.** im Josephinischen Gesetzbuch von **1786** normiert. Auch hier wurde der Übergang des

Namens des Mannes auf die Frau bei
Eheschließung festgelegt, wobei diese Namensänderung als Recht der Frau formuliert wurde
und nicht als Pflicht" (Zaussinger 2009, S. 19).

„Der Übergang von einem Recht der Frau hin
zu einer Pflicht begann 1787 und verpflichtete
bezeichnenderweise zunächst die jüdische
Bevölkerung in den gesamten Erbländern dazu,
einen festen, deutschen Namen zu führen, der
nicht willkürlich geändert bzw. aufgegeben
werden konnte" (Zaussinger 2009, S. 20).

„Die Verpflichtung der Frau, den Namen ihres
Ehemannes anzunehmen, wurde schon bald
(…) in der Literatur kritisiert. So forderte etwa
Marianne Weber (1907) in ihren Schriften über
„Die Ehefrau und Mutter in der
Rechtsentwicklung" das Recht der Frau, ihren
Namen nachzustellen, d. h. einen Doppelnamen
zu führen (vgl. Aichhorn/Furgler 1997:300ff)
(zit. n. Zaussinger 2009, S. 21).

1938 „als das deutsche Ehegesetz in Österreich
in Kraft trat, war es (…) erstmals möglich, sich
scheiden zu lassen. Nach der Scheidung behielt
die Frau den Familiennamen des Mannes,

konnte aber durch eine öffentlich beglaubigte Erklärung ihren „Mädchennamen" wieder annehmen.

Wurde die Frau vom Gericht allerdings (überwiegend) schuldig geschieden, so konnte die Frau an der Weiterführung des Familiennamens mittels öffentlich beglaubigter Erklärung des Mannes gehindert werden. Diese „Untersagung der Namensführung durch den Mann" wurde erst mit dem aktuellen Namensrecht von 1995 aufgehoben" (Zaussinger 2009, S. 21).

Mitte der **1970er** Jahre kam es im Zuge der großen **Familienrechtsreform** (…) zu einer Abkehr des rein patriarchalischen Prinzips. (…) Denn erstmals konnte neben dem Mannesnamen auch der Name der Frau als gemeinsamer Familienname gewählt werden" (Zaussinger 2009, S. 21f.).

Wesentliche Grundlage dafür war das Recht auf Gleichheit. Die Allgemeine Erklärung der **Menschenrechte** der Vereinten Nationen verkündet in Art. 1 Satz 1:
„Alle Menschen sind frei und gleich an Würde und Rechten geboren."

„Im österreichischen Verfassungsrecht ist der Gleichheitssatz in Art. 7 des Bundes-Verfassungsgesetzes (B-VG) und Art. 2 des Staatsgrundgesetz 1867 als Staatsbürgerrecht verankert. Er verpflichtet den Staat grob gesprochen „gleiches gleich, ungleiches ungleich" zu behandeln.

Dies bedeutet (…) das Verbot einer sachlich nicht gerechtfertigten Bevorzugung oder Benachteiligung von bestimmten Personen (gruppen). Die Verwaltung und die Gerichte haben die Rechtsnormen sachlich und ohne Willkür zu vollziehen. Verstöße gegen den Gleichheitssatz können von Betroffenen in Verwaltungsangelegenheiten mittels Beschwerde beim Verfassungsgerichtshof (VfGH) geltend gemacht werden." (Gleichheitssatz).

„Die Gesetzgebung [schrieb] lange Zeit vor, die Frau habe ihren Namen zugunsten dem des Mannes aufzugeben. Obwohl die Namenskontinuität der Familiennamen die Verwaltung enorm erleichtern würde, kommt

dem konkurrierenden Prinzip der familialen
Zuordnung eine bevorzugte Stellung zu. (…)
Im Zuge der Familienrechtsreform wurde noch
an der geforderten Namenseinheit festgehalten,
aber schließlich **1995** mit dem **Namensrechts-
änderungsgesetz** und der Möglichkeit, dass
beide Eheleute ihren Namen auch nach der
Eheschließung behalten können, durch das neue
Prinzip der **Namenswahl** abgeschwächt"
(Zaussinger 2009, S. 7).

Ländervergleich
Andere Länder, andere Sitten. Zaussinger weist
darauf hin, dass „man etwa im romanischen
Rechtskreis wie in Frankreich und Spanien
keinen gemeinsamen Familiennamen [kenne] –
die Eheschließung bringt in diesen Ländern
keine namensrechtlichen Folgen mit sich (vgl.
Deixler-Hübner/Mitgutsch 2007:51ff, Bergmann
2009:51f).
In Spanien, Portugal und einigen latein- bzw.
südamerikanischen Staaten behält die Frau
ihren Namen und führt den Namen des Mannes
oder beide Namen als Doppel- oder
Mehrfachnamen (Zaussinger 2009, S. 51).

Alle wesentlichen Details und Begründungen für die damalige Rechtsprechung sind in Zaussingers Magisterarbeit nachzulesen. Die Zitate geben nur einen groben geschichtlichen Überblick.

Abschließend möchte ich das **aktuelle Namensrecht** anführen (ABGB § 93).

„Das neue Namensrecht gilt für alle Ehen, die seit dem 1. April 2013 von Österreicherinnen und Österreichern geschlossen werden. Eheleute, welche die Ehe vor diesem Stichtag geschlossen haben, können sich ab 1. September 2013 durch Erklärung beim Standesamt dem neuen Namensrecht anschließen.

Sowohl der Name der Frau als auch der des Mannes können zum gemeinsamen Familiennamen bestimmt werden. Besteht ein Name aus mehreren Teilen, kann sowohl der ganze Name - unabhängig von der Anzahl der Namensteile - als auch Teile davon verwendet werden.

Die Eheleute können auch einen aus den Familiennamen beider gebildeten Doppelnamen

zum gemeinsamen Familiennamen bestimmen.
Der gemeinsame Familienname darf dabei
maximal aus zwei Teilen bestehen.
Die Person, deren Familienname nicht
gemeinsamer Familienname ist, kann einen aus
dem gemeinsamen Familiennamen und
ihrem/seinem Familiennamen gebildeten
Doppelnamen führen. Auch dieser Doppelname
darf nur aus zwei Teilen bestehen.
Ein Doppelname muss durch einen Bindestrich
zwischen den einzelnen Teilen getrennt
werden" (Namensführung nach der
Eheschließung 2021, Stadt Wien).

Nähere Informationen zu Sonderfällen finden
sich auf der Homepage **österreich.gv.at** unter
„Namensänderung im Zusammenhang mit
einer Eheschließung". Unter § 155 -157 ABGB
finden sich die rechtlichen Grundlagen zur
Namensfolge der Kinder (siehe auch:
www.ris.bka.gv.at).

Der Exkurs zum Namensrecht und zur
Geschichte dient dem besseren Verständnis für
die historische Bedeutung des Familiennamens.

Nun komme ich zum Herzen des Buches, den **Erzählungen** von Frauen zwischen 30 und 60 Jahren, die mitten im Leben stehen. Ich lade dich ein, in andere Lebenswelten einzutauchen. Vielleicht findest du Anteile von dir in der einen oder anderen Geschichte.

NARRATIVE INTERVIEWS

Interviewablauf

Ich habe sieben Frauen interviewt, da die Namensänderung Frauen immer noch deutlich häufiger betrifft. Mir war wichtig, dass die Frauen Raum erhalten, ihre Geschichte zu erzählen. Wie geht es ihnen auf der **Gefühlsebene** mit der Änderung, Erweiterung oder Beibehaltung ihres Familiennamens?

Jede Frau hat vorab dieselben **Impulsfragen** zum Lesen erhalten:

Was bedeutet dein Nachname für dich?
Was hat dich bewegt, bei deiner Heirat:
den Nachnamen deines Mannes anzunehmen
deinen Nachnamen zu behalten, oder aber
auf einen Doppelnamen zu wechseln?
Was verändert sich dadurch für dein Leben?
Gibt es etwas, dass du mir noch erzählen möchtest?

Die Interviews wurden wortwörtlich transkribiert und dienen der **Reflexion**.

Das Wort stammt vom lateinischen „reflectere"
und bedeutet zurückgeworfen werden,
zurückbeugen, drehen oder wenden. Es steht
fürs Betrachten, Nachdenken und Überlegen.

Die interviewten Frauen reflektieren ihre
persönliche Namensgeschichte. Ich möchte
jeder Reflexion mit Achtung begegnen, jede
Erzählung ist für sich stimmig.

Interview 1

Was bedeutet mein Nachname für mich?
Sehr viel, weil, ich habe den Namen meines
Mannes bei der Hochzeit 2009 angenommen.
Mein alter, mein Mädchenname, war weit
verbreitet und oft bin ich nach der Schreibweise
gefragt worden und bei meinem neuen Namen
gibt es keine Zweifel (*lacht*). Das ist ein
angenehmer Zusatzeffekt. Aber hauptsächlich
habe ich deswegen den Nachnamen
angenommen, um mich noch mehr mit meinem
Mann verbunden zu fühlen.

Ein wichtiger Aspekt für mich war auch, wenn
wir gemeinsam Kinder haben und wir haben ja
jetzt zwei Kinder, dass die Kinder auch den
gemeinsamen Namen haben. Dass wir, wenn
wir als Familie wohin gehen, einen Namen
haben. Ich kenne Familien, wo die Frauen nicht
den Namen des Mannes angenommen haben
oder einen Doppelnamen genommen haben
und da ist das dann schwierig, wenn die Kinder
einen anderen Nachnamen tragen, also so
heißen wie der Vater und dann meldet sich die
Mutter im Kindergarten mit ihrem Nachnamen.
Da hat es schon öfter schwierige Situationen

gegeben und in diese Situationen werde ich nie kommen, weil mein Nachname gleich ist, wie der meiner Kinder.

Das war emotional schon etwas Großes für mich, den Nachnamen meines Mannes anzunehmen, weil man muss ja auch die Dokumente ändern lassen. Und auch die Wahrnehmung, also in der Firma zum Beispiel haben mich viele Leute unter meinem alten Mädchennamen gekannt und mussten feststellen, ok, ich heiße jetzt anders und mussten sich wieder umgewöhnen. Mittlerweile ist es aber so, meine Hochzeit ist jetzt schon ein paar Jahre her, dass die Leute gar nicht mehr wissen, wie ich früher geheißen haben. Sie fragen schon: „Wie war noch einmal dein Mädchenname?" Das ist lustig, dieser Aspekt, früher nur unter dem alten Namen wahrgenommen zu werden und dann den neuen Namen so zu verinnerlichen, dass dann der alte gar nicht mehr erinnert wird – Arbeitskollegen zum Beispiel.

Ahm, ja es war für mich persönlich wichtig, dass ich rein den Namen meines Mannes annehme und keinen Doppelnamen daraus mache. Es wäre dann auch zu lange gewesen.

Der erste Sohn hat einen relativ langen
Vornamen und das wäre dann zu lang gewesen.

Was verändert sich dadurch für mein Leben?
Wie gesagt, wir als Familie, ich fühle mich mehr
zusammen geschweißt mit meinem Mann und
den Kindern, die den gleichen Namen haben –
wir als Familie – Verbundenheit würde ich
sagen und ja, für mich selbst war es am Anfang
schon ein großer Schritt, mich umzugewöhnen,
aber mittlerweile gehört es zu meinem Leben
und ich möchte auch nicht mehr den alten
Mädchennamen haben.
Das ist alles, was mir dazu einfällt.

Und ja, meinem Mann gefällt der Nachname
auch sehr gut. Es ist ein geläufiger Nachname.
Er ist mit der Heimat meines Mannes
verbunden, dort wo er herkommt. Es ist ein
typischer Name für seine Gegend würde ich
sagen.
Das ist alles, was mir einfällt.

Interview 2

Was verbinde ich mit meinem Familiennamen?
Meine Geschichte, meine Lebensgeschichte. In
diese Familie bin ich hineingeboren. Das sind
meine Wurzeln, da komme ich her. Also für
mich war das, mein Name, mein Herkunftsname ist für mich sehr positiv besetzt. Auf den
bin ich stolz. Und der ist ein Teil von mir.
Nachdem ich jetzt eher spät geheiratet habe,
habe ich lange überlegt, wie ich tue. Dass ich
den Namen von meinem Mann annehme und
meinen auslösche, ist sowieso nicht gegangen,
weil das für mich etwas war, wie wenn ich
meine Linie unterbreche, so wäre für mich das
Gefühl gewesen.
Wenn mein Nachname nicht mehr ist und ich
ersetze den durch seinen, ich hätte irgendwie
das Gefühl gehabt, dass ich dann meine
Herkunft verlasse und in seine einverleibt
werde.
Also, irgendwie, als ob ich von meinem Stamm
zu seinem Stamm wechseln würde. Und das
wollte ich nicht, weil ich bin ich. Und für mich
wäre das ein Gefühl von Auflösen.

Was ich mir gut vorstellen hätte können, wäre
ein Doppelname gewesen, weil, das wäre für
mich die Verbindung gewesen. Nur mein Mann
konnte sich den Doppelnamen nicht vorstellen,
weil er sagte, dass sei ihm zu lange und zu
umständlich. So haben wir das dann gemacht,
dass jede/r bei seinem Namen geblieben ist.
Umgekehrt hätte es für mich auch nicht gepasst,
wenn wir beide bei meinem Namen bleiben, das
heißt, wenn mein Mann seinen Nachnamen
hergibt und meinen annimmt, weil umgekehrt
genau dasselbe gewesen wäre. Er ist er.
Sein Nachname passt zu ihm.
Es ist nicht um den Klang des Namens
gegangen, weil, sein Name ist ein schöner
Nachname, der gefällt mir sehr gut, aber es ist
wirklich für mich das gewesen:
So wurde ich mein Leben lang gerufen. Mit
diesem Namen habe ich gesagt:
„Ja! Ich! Hier!"

Aber es ist mehr als das, weil natürlich kann ich
mich an etwas Neues gewöhnen. Es ist wirklich
der Stolz auf die Herkunft und auch diese
Freude und auch dieses Bedürfnis, dieses Erbe
meinen Kindern weiterzugeben.

Was ich mir überhaupt nicht vorstellen konnte,
war, dass meine Kinder meinen Familiennamen
nicht mehr tragen. Weil ich schon sehe, es ist
unsere kleine Familie und dann gibt es noch die
große Familie. Bei dem Namen, bei dem du
gerufen wirst, das macht ja etwas.
Ich denke mir, da ist im Hinterkopf mehr als ein
paar Buchstaben. Für mich war das mehr.
Das war nicht egal.

Es ist nicht nur der Vorname – der sowieso,
natürlich bin ich das – aber auch der Nachname.
Der hat eine lange Geschichte und ja. Für mich
wäre das – meinen Nachnamen zu ersetzen, zu
löschen, wäre für mich wirklich gewesen wie –
eine Einverleibung, als ob ich mit meinem
Mann verschmelze. Und plötzlich, wie das so
schön heißt: „zu ihm gehören." Aber, das hätte
für mich der Doppelname ausgedrückt.

Vielleicht sagt es auch etwas über unsere
Partnerschaft, wir sind Partner. Wir sind zwei,
zwei Partner sind wir. Wir sind nicht eine
Person. Also der Doppelname wäre für mich
super gewesen, weil, das hätte die Verbindung
gemacht. Aber eben das wollte mein Mann
nicht, das konnte er sich nicht vorstellen, weil es

ihm zu umständlich war. Er wollte das nicht.
Vielleicht kommt es ja noch, wer weiß.

Bei den Kindern habe ich schon das Gefühl:
Ja, sie gehören zu meiner Großfamilie und sie
gehören auch zu seiner. Sie kommen ja von uns.
Manchmal habe ich das Gefühl, da fehlt etwas.
Ich rede auch mit ihnen bewusst, ich rede sie
auch mit dem Nachnamen vom Papa an. Ich
rede sie im Spiel oft an mit dem anderen
Nachnamen an, weil ich mir denke, das gehört
auch in ihr Bewusstsein. Sie haben hinter sich
viele Menschen, zu denen sie gehören, die auf
sie schauen, die für sie da sind.
Ja – natürlich drückt Name Zugehörigkeit aus,
wie gesagt. Deswegen (…) wäre für mich der
Doppelname am stimmigsten gewesen und aus
praktischen Gründen sind wir beide bei
unserem geblieben.

Für die Kinder – wenn sie mit 18 sagen, sie
wollen den Namen ändern oder den
Doppelnamen dazutun, dann können sie das
machen – in dem Sinn sind sie frei. Aber
natürlich machst du eine Prägung, für welchen
Namen du dich entscheidest.
Ich finde schon.

Ich finde, es sind mehr als ein paar Buchstaben
auf dem Papier. Ich habe ein paar Jahre darüber
nachgedacht, wie ich tun soll. Das war für mich
ein Grund, bevor ich diese Entscheidung nicht
getroffen hatte, konnte ich nicht heiraten, das
muss dir vorher klar sein.

Ich glaube, wenn ich 10 Jahre früher geheiratet
hätte und nicht in meinen 30ern, dann hätte ich
wahrscheinlich den Namen von meinem Mann
angenommen. Da hätte ich gar nicht darüber
nachgedacht und es wäre für mich
selbstverständlich gewesen.
Es wäre vielleicht fremd gewesen, weil, wie
gesagt, ich habe immer schon gut mit meinem
Nachnamen können und ich glaube, dass da
mehr dahinter ist.
Ob du dich wohlfühlst mit deinem Namen,
hängt glaube ich sehr stark zusammen mit
deiner Familie, mit deiner Lebensgeschichte. Ich
habe kein Bedürfnis gehabt, meinen Namen zu
wechseln. Aber ich hätte es wahrscheinlich
getan, wenn ich 10 Jahre früher geheiratet hätte.

Nachdem ich dann als Frau geheiratet habe mit
Lebenserfahrung, mit auch schon einer langen
Geschichte habe ich nein gesagt.

Das geht nicht.

Ich bin ich und du bist du und wir gehen –
nebeneinander gemeinsam. Wir geben uns die
Hand oder miteinander. Wir wollen auch
miteinander und trotzdem – wir sind in einem
Kreis, aber es bin trotzdem auch ich. Es gibt ein
Ich und es gibt ein Du und es gibt ein Wir.

Aber es ist nicht nur das Wir allein.

Das war mir schon wichtig, auch das Ich hat
seinen Platz.

Ja.

Interview 3

Ich habe, für mich war es spannend, als ich die
Anfrage erhalten habe, wir haben 1998
geheiratet, also vor 19 Jahren. Und ja da sind
viele Emotionen wieder drüber. Da muss man
wirklich in seinen eigenen Emotionen forschen
und fühlen, was war das. Was war da eigentlich
damals bei mir mein Beweggrund.
Ich war damals 25 als wir heirateten und
dadurch, dass mein Sohn schon vorher auf die
Welt kam, war da schon das Namensthema.
Weil wenn du Kind bekommst, behaltet es
deinen Namen und das heißt, wir waren schon
zu zweit, die wir den Namen getragen haben,
meinen. Das war sicher so eine Überlegung, die
da schon die zwei Jahre gereift ist.

Wenn ich jetzt vorher geheiratet hätte, kann
auch sein, dass ich den Namen von meinem
Mann angenommen hätte. Aber so war das
wirklich schon immer wieder Thema. Mein
Name geht an meine Kinder weiter. Mein Opa
ist im März gestorben und wir haben dann im
Juli geheiratet. Das war im gleichen Jahr und ich
kann mich erinnern, wie mein Mann am
Sterbebett zum Opa gesagt hat, er wird den

Namen weitertragen. Das war total berührend, weil das damals sehr ungewöhnlich war.
Damals war es eher normal, dass die Frau einen Doppelnamen annimmt, also den Namen des Mannes dazu nimmt, aber ungewöhnlich, dass der Mann den Namen der Frau dazu nimmt. Es war emotional schon in der Verwandtschaft spürbar, gerade bei der Familie meines Mannes.

Was macht das, was löst das aus, dass er jetzt meinen Namen dazu nimmt und nicht ich seinen annehme. Das habe ich schon noch sehr stark spürbar vor mir, vor meinen Augen. Allerdings muss ich auch sagen, wir waren wirklich total starke Persönlichkeiten, er und ich. Es war uns ziemlich egal, was die anderen gedacht haben. Hauptsache, es war für uns stimmig.

Und grundsätzlich wollten wir beide einen Doppelnamen. Wir wollten beide einen Doppelnamen, weil es symbolisiert, dass diese Ehe oder diese Familiengründung aus uns zweien entsteht. Darum wollten wir, dass die Kinder beide Namen tragen, aber das war damals gesetzlich nicht möglich, dass er und ich einen Doppelnamen tragen.

Es war nur möglich, dass der Hauptname – in dem Fall meiner, mein Mann hat gesagt, es passt so, er nimmt meinen Namen dazu. Wenn das möglich gewesen wäre, dass ich auch den Doppelnamen nehme, obwohl wir uns für meinen entscheiden, dann hätten wir beide den Doppelnamen genommen. Weil das symbolisch für uns stimmiger gewesen wäre.

Und warum wollte ich jetzt nicht auf seinen Namen switchen. Das war für mich total klar. Für mich war das meine Identität, meine Individualität als Frau. Ich bin aufgewachsen mit den Namen, die Leute kennen mich mit dem Namen. Ich verbinde viele Kindheitserinnerungen mit meinem Familiennamen und es macht mein – ja, ich glaube, dass das für jede Person die Identität ausmacht.

Ich habe gestern noch ein bisschen recherchiert, weil es mich selbst interessiert, spannend, wenn ich schon darüber nachdenke, seit wann das eigentlich ist. Und dann bin ich draufgekommen, dass in über 100 Ländern das ganz normal ist, dass die Frau den Namen behält. Und bei uns ist das im 18. Jahrhundert gekommen, wo es immer geheißen hat, die Anna von der Mühle und der Sepp vom Haus am Bach oder so. Und aus diesen Kombinationen sind ja dann die Nachnamen entstanden. Und da ist das eigentlich erst losgegangen, dass diese Familiennamen eingeführt wurden.

Ganz spannend war für mich, jetzt weiß ich die Jahreszahl nicht genau, aber es war erst in den 80ern irgendwann, dass das vom Gleichbehandlungsgesetz, das darf nicht sein, dass die Frau den Namen des Mannes annehmen muss. Aber das ist überhaupt nicht lange aus, bitte.
Also, vor 40 oder 35 Jahren.

Ja, mit dem habe ich mich damals nicht beschäftigt bei meiner Entscheidung, sondern da habe ich mich erst gestern eingelesen und seit 1995 darf man sich erst frei entscheiden, dass die Frau ihren Namen behält und der Mann seinen. Vorher hat man im Streitfall, wenn sich das Ehepaar nicht einigen konnte, den Namen des Mannes annehmen müssen mit der Begründung, weil die Frau ja meistens eh

nicht so einen wichtigen Job habe und dann eh
eine Zeit bei den Kindern zuhause sei.
Also voll arg, was das von der
Gleichberechtigung ausmacht. Ich war echt
schockiert, als ich das las, diese Begründung
dazu.

Das war vor 20 Jahren. Und insofern habe ich
gemerkt, dass ich schon sehr sensibilisiert
damals war auf dieses Thema durch meinen
Freundeskreis und meine Erziehung einfach.
Wie bin ich aufgewachsen in meiner Rolle als
Frau und es war mir sehr wichtig, meinen
Namen zu behalten. Für mich war es insofern
leicht, weil, ich konnte in meiner
Selbstsicherheit, in meiner Identität bleiben.
Und für meinen Mann war es schön, weil es
symbolisch einfach diese Verbindung
symbolisiert hat. Ja, das war es eigentlich kurz
zusammengefasst. Und für die Kinder, dass sie
meinen Namen tragen, sie stellen es schon
immer wieder einmal in Frage, warum wir nicht
alle beide Namen tragen.
Und es wäre jetzt auch möglich. Wenn wir uns
einmal scheiden lassen würden und einmal
wieder heiraten würden, dann könnten wir alle
denselben Namen tragen.

Aber nicht so, das ist ein bisschen schräg.
Und so haben wir es belassen, wie es ist.

Aber es ist natürlich, wenn einer der Ehepartner
den Doppelnamen hat und der andere nicht, ist
es für viele Leute verwirrend. Darum hätte ich
damals gern den Doppelnamen für alle gehabt,
weil es dann klar ist. Du als Familie ein klares
Bild darstellst auch.
Und das war ja bei der Namensgesetzänderung
in den 70ern die Begründung, dass die gesagt
haben, wenn sich zwei Ehepartner nicht auf den
gemeinsamen Namen einigen können, dann
sind sie nicht reif für die Ehe.
Ja.

Und grundsätzlich habe ich schon gemerkt,
dass mich das am Anfang ein bisschen
nachdenklich gemacht hat.
Das passiert auch nach wie vor, dass mein
Mann dann mit meinem Namen angesprochen
wird und nicht mit seinem, aber ich glaube, so
geht es auch vielen Frauen, die einen
Doppelnamen haben, dass man dann auf einen
Familiennamen reduziert, auf den
Hauptnamen. Ja, das war in Bezug auf den
Doppelnamen.

Ich glaube aber, wenn du dich als Frau für den
Doppelnamen entscheidest, dass es
unangenehm ist, wenn Leute den dann
weglassen oder nicht dazusagen. Bei mir war es
am Anfang oft so, dass ich erklären musste, wie
das gesetzlich ist, dass das eben nur so geht,
dass einer den Doppelnamen hat und dass mein
Mann sich entschieden hatte, dass er ihn dazu
nimmt und ich nur meinen behalten habe. Bis
dein Umfeld einfach Bescheid weiß, es braucht
schon ein bisschen Erklärung, wenn man sich so
entscheidet.
Und für die Kinder passt es gut. Sie haben nie in
Frage gestellt, dass sie lieber den Namen meines
Mannes hätten, das war kein Thema. Es ist
natürlich ein Geschenk, wenn man so einen
schönen Namen bekommt. Und insofern war es
sicher auch noch mitentscheidend, dass ich
diesen Namen nicht hergeben wollte.
Klar, kurz, verständlich.

Brauchst du noch etwas? Schauen wir nochmals
kurz die Fragen an. Mein Nachname bedeutet
für mich Identität und Individualität, das ist das
was mich mit meinen Wurzeln und meiner
Herkunft verbindet. Meiner Herkunft auch
weiter zurück, nicht nur zu meinen Eltern,

sondern auch zu meinen Großeltern, also zu
meiner Familiengeschichte und ich glaube, dass
gerade diese Wurzeln und die
Familiengeschichte dich standhaft machen oder
resilient fürs Leben machen, dass man, wenn
Probleme kommen gut damit umgehen kann.
Ich glaube, dass der Name – nicht vorrangig der
Name – aber einfach die Identität wichtig ist,
dass du gut mit dem Leben zurechtkommst.

„Was hat dich bewegt deinen Namen zu
behalten." Eigentlich auch genau das. „Und wie
geht es dir mit deiner Namenswahl im täglichen
Leben." Ja leicht, weil ich das immer schon
gewohnt bin, weil das einfach ich bin und gibt
es noch etwas zu erzählen?
Ja, es ist eigentlich dieser Hauptanteil im ersten
Jahr passiert oder rund um die Hochzeit.
Und nachdem ich mich so entscheiden habe
dürfen, weil es für meinen Mann gepasst hat, ist
es relativ leicht gewesen für mich.

Interview 4

Der Unterschied ist der, zu der Zeit, rechtlich, wo ich den Doppelnamen angenommen habe, war die Möglichkeit noch nicht gegeben, dass Kinder auch den Doppelnamen bekommen. Bei uns ist es jetzt so, dass nur ich den Doppelnamen trage in der ganzen Familie und dass mein Mann und meine Kinder seinen Namen tragen.

Und das Lustige ist aber, dass beide Kinder, aber vor allem die Zweite, im Kindergarten immer den Doppelnamen gesagt hat. Sie hat sozusagen den Doppelnamen voll für sich – also, für sie wäre es logisch gewesen den Doppelnamen zu führen. Aber das war rechtlich gerade nicht möglich, da war so eine Zwischenphase. Wir haben 1995 geheiratet und deswegen ist das nicht möglich gewesen und es war für mich wirklich die Überlegung, ob ich den Doppelnamen nehme oder nicht.

Für mich, weil ich wusste, ich heiße anders, als die anderen in meiner Familie. Und der Name meines Mannes ist dann unser Familienname. Klar, weil der Name dann der kleine gemeinsame Nenner ist, ist das dann der Familienname.

Und warum ich dann für mich den Namen
angenommen habe, war, wir haben darüber
diskutiert, also mein Mann und ich und ich
habe dann schon einmal auch ihm klargemacht,
dass es mir wichtig ist, meinen Mädchennamen
in meinem Namen drinnen zu behalten.
Ich habe ihn schon auch gefragt: Wie ist es,
wenn du meinen Namen annimmst?
Und das wäre für ihn absolut nicht möglich
gewesen. Und dann habe ich ihn umgekehrt
gefragt, warum es für mich so sein soll.

Ich habe damals schon gearbeitet, die
Ausbildung abgeschlossen, ich habe unter
meinem Namen publiziert, ich habe, alles, was
ich gemacht habe, ist unter meinem Namen
gelaufen. Und das war so meine totale Identität,
damit habe ich mich identifiziert. Und ich hatte
das Gefühl, wenn ich jetzt den Namen meines
Mannes annehme, dann weiß ich nicht einmal
wer ich bin.
Komisch. Ich habe das wirklich ganz eng mit
diesem Namen verbunden, mit meinem
Mädchennamen. Ich habe ihm gesagt, dass ich
seinen Namen nicht zur Gänze annehmen kann
und war aber immer der Meinung, dass ich den
Doppelnamen wirklich führen werde.

Reduziert zu werden auf seinen Namen, das wollte ich nie.

Gerade in den Anfängen, in den ersten Jahren habe ich lange darauf bestanden. Jeder der mich dann nur mit den Namen meines Mannes angesprochen hat, den habe ich aufgeklärt und habe ihm gesagt, dass mein vollständiger Name so ist und dass ich darum bitte, dass ich auch so angesprochen werde.

Und dann, weil beides kurze Namen sind, wenn jemand drei oder vier Silben hat, musst du dir den Namen genauso merken. Das sind auch so Dinge, die mit der Zeit entstanden sind, aus Hof-Namen oder aus Berufen oder wie auch immer. Ich habe mir gedacht, wenn jemand einen Titel führt, das wird einfach ein langer Name. Das war der Grund, warum ich gesagt habe, wenn er nicht bereit dazu ist, ihn anzunehmen, es war auch nicht möglich, dass wir beide einen Doppelnamen führen, dann entscheide ich mich für diesen Doppelnamen und habe dann seinen Namen vorangestellt aus optischen bzw. aus Klanggründen. Ich finde es so schöner, gefälliger, den Namen so auszusprechen, deswegen ist sein Name vorn.

Aber es war nicht deswegen, weil er für mich
jetzt wichtiger ist und rein rechtlich hätte ich
ihn auch nach hinten stellen können. Das war
der Hintergrund. Ich muss sagen, es gibt Leute,
die sprechen mich dann nur mit meinem
Nachnamen an, weil sie das nicht wissen, wenn
sie meinen Mann nicht kennen. Alle, die meinen
Mann kennen, die reden mich dann mit seinem
Namen an, klarerweise.
Und jetzt so im Laufe der Jahre ist es mir
manchmal einfach egal, weil ich mir denke, ich
fokussiere meine Energie woanders hin.
Manche Leute sind einfach unbelehrbar. Keine
Ahnung. Oder sehen das nicht ein, dass jemand
einen Doppelnamen führt und ich habe keine
Lust, jedem jetzt sozusagen zu erklären, warum.

Aber für mich hat das eine wesentliche
Identitätsthematik. Weil ich ihn eben auch
solange geführt habe. Ich war 29 als wir
heirateten. Und deswegen – das ist doch lange.
Wenn es jetzt ein komischer Name gewesen
wäre – eine Bekannte von mir hat zum Beispiel
gesagt: „Ja, ich war so froh, als ich meinen
Namen dann losgeworden bin!"

Manche mögen den Namen nicht so gern und sind froh, dass sie die Möglichkeit haben.

Noch ein Grund war, also ich habe mir wirklich lang Gedanken darüber gemacht, weil ich immer das Gefühl hatte, wenn mich jemand mit dem Namen meines Mannes anspricht, dann ist nicht nur meine Identifikation weg, auch wenn ich mich wieder daran gewöhne, aber ich würde mich zumindest in der Anfangszeit als meine Schwiegermutter sehen. Weil die einzige Frau, die ich immer gekannt habe, die so heißt, wäre meine Schwiegermutter gewesen.
Und das war für mich ein „no go".
Also, da habe ich genau gewusst, das will ich nicht. Ich will nicht gleichgesetzt werden mit ihr. Und dann quasi mit ihr – wir waren damals auch noch genau dort, wo sie auch gelebt hat – mit ihr sozusagen in einen Topf geworfen werden. Das war für mich einfach ein Abgrenzungsthema.
Ja. Genau. Mhm.
Das waren so die Beweggründe.

Und ich muss sagen, ich bin damit auch nach wie vor zufrieden. Jetzt würde ich wahrscheinlich darum bitten, dass beide den

Doppelnamen annehmen und die Kinder auch den Doppelnamen führen. Das fände ich das Beste.

Natürlich, es hat dann immer geheißen, das rechtliche Argument war damals, es gibt nur einen Hauptnachnamen – Familiennamen, war das Argument immer das, wenn die ganze lange Wurscht – stellen sie sich vor, zwei Doppelnamen heiraten, und dann haben sie einen Vierfachnamen, aber da kann man ja auch eine Regelung finden, dass das Kind sich dann für zwei Namen entscheidet. Das muss ja dann nicht ins Endlose ausufern.
Ja und deswegen, wenn mein Mann das immer noch nicht könnte, dann – ja, würde ich wahrscheinlich.
Das ist damals noch nicht gegangen, dass ich meinen Namen behalte, weil, meine Schwester hat dann kurze Zeit darauf geheiratet und da war es dann möglich den eigenen Namen zu behalten. Ich glaube, das war damals noch nicht – ich weiß es aber nicht genau, weil dann wäre für mich das Thema: Wie heißen die Kinder.

Vielleicht bin ich da ein bisschen zu „old school", weil das heutzutage mit den

Lebenspartnerschaften eh vollkommen egal ist, da heißen die Kinder dann wie die Mütter heißen und dann läuft das automatisch mit. Also insofern, ja.

Wobei ich sagen muss, der Namen meines Mannes gefällt mir auch gut. Ich finde die Bedeutung schön und die Assoziationen. Ich finde das schön, die Bedeutung des Namens im Hintergrund zu spüren. Für mich haben Namen schon auch eine Wirkung. Nicht nur durch die Buchstaben, sondern wirklich auch durch das, was sie bedeuten. Deswegen ist mir das schon – ich würde den Namen meines Mannes nicht mehr missen wollen, muss ich ehrlich sagen.

Mein Name ist ein unbekannter Name, weil er aus einem anderen Sprachraum stammt und ja, das war für mich manchmal gar nicht so einfach, weil ich ihn buchstabieren musste. Gut – den Namen meines Mannes könnte man auch anders schreiben, also ist eh dann die Frage, es ist eh jeder Name…

Aber ja, mein Name war sehr unbekannt und dadurch war es auch eine singuläre Stellung. Weil der Name meines Mannes und der von meinen Kindern – da gibt es viele. Also, wenn ich jetzt so nachgoogle oder allein, wenn ich einen e-mail account erstelle, musst du da was dazuschreiben – also, es gibt genug.

Also, das ist sozusagen, das war auch etwas, warum ich meinen Namen sehr schätze, weil es ihn nicht so häufig gibt, also jedenfalls in unseren Breiten. Ja, das war so meins. Und dann habe ich mir damals gedacht, das ist vielleicht meinen Kindern nicht so wichtig, weil die Identifikation mit dem Namen habe ich und den Namen, den sie kriegen, den finde ich schön – also, wenn er jetzt irgendwie geheißen hätte – dann hätte ich wahrscheinlich nein gesagt. Dann hätte ich mehr dafür plädiert, dass mein Mann meinen Namen annimmt.
Eben wirklich, für die Kinder auch und das hätte er dann vielleicht eh gemacht. Oder so einen banalen Namen.

Also schon auch unter dem Aspekt, wie heißen die Kinder später und wie passt, wie könnte den Kindern der Name passen und die sind sehr zufrieden. Der Name ist kurz und knackig. Ja. (*lacht*) Das waren einmal so meine ganzen Überlegungen, die ich dazu hatte.

Interview 5

Jo, na. Also, Nachname. Ich mein, prinzipiell, wir heißen alle gleich (mhm). Ich habe den Namen von meinem Mann angenommen, weil das für mich gar nie ein Thema war.
Ich – keine Ahnung. Ich habe jetzt, wo ich wusste, dass das Interview kommen wird, schon darüber nachgedacht, aber irgendwie (..) – ich kann Frauen verstehen, die darüber nachdenken – ich habe selber eine Freundin, die selbstständig ist, die einen ziemlichen Namen hat. Da war wichtig, dass ihr Name bestehen bleibt, weil sie unter dem Namen bekannt ist (mhm). Ich kann auch jede Künstlerin oder Sonstiges verstehen (mhm), aber für mich selbst (..) hat mein Name keine übergroße Bedeutung gehabt (mhm). Darum war das für mich nie ein Thema.

Also ich persönlich, für mich ist es ein Zeichen von (..) Zusammenhalt, Zusammengehörigkeit. Ich finde es auch zum Beispiel schön, wenn wir in ein Hotel gehen und es heißt Familie Weber, als wie Familie Rauch-Weber. Und die Kinder vielleicht noch Weber-Rauch (mhm) (*lacht*).

Wobei ich das auch nicht abwerten will, aber ich, ich persönlich kann es nicht nachvollziehen (mhm), wenn jeder seinen **eigenen** Namen behält (.). Ich weiß nicht. Doppelnamen – ja. Ich meine, ich weiß, es gibt Frauen, die (..) gerade heutzutage, nur mehr ein Kind haben, wenn **sie** ihren Familiennamen hergibt, dann ist der Name ausgestorben (mhm). Das kann ich als Überlegung schon irgendwie nachvollziehen (mhm) (.).

Ich weiß zwar nicht, ob ein Name jetzt so etwas Wichtiges ist, dass er unbedingt überleben muss, aber das empfindet jeder anders (mhm) (*lacht*). Aber darum hat sie jetzt einen Doppelnamen (mhm). Aber das war bei mir auch nie der Fall. Ich habe einen Bruder, der führt den Namen weiter (*lacht*). Darum. Also das ist für mich ein Thema, wo ich selbst schwer einen Bezug habe (ok).

Aber im Grunde denke ich mir, jeder wie er lustig ist (*lacht*) (mhm). Aber, was mir nur oft auffällt, ist, dass es in der Schule leicht zur Verwirrung kommt, wenn alle anders heißen. (.) Und ich glaube, für ein Kind ist es schon, zumindest am Anfang einfacher, wenn die

Familie einen Namen führt (mhm). (.) Kommt
mir vor (mhm). Weil es doch ein Zeichen ist, in
der Öffentlichkeit (mhm), wenn man gleich
heißt, dann gehört man zusammen.

Weil ich weiß, mein Sohn hat schon
Schwierigkeiten gehabt zu verstehen, warum
die einen Omas und Opas anders heißen (*lacht*).
Ich meine, da war er noch ganz klein (mhm).
Natürlich kann man es ihm dann erklären.
Aber ich glaube, wenn jetzt dann Mama und
Papa auch noch anders heißen, dann glaube ich
– (.) sicher ist es dann irgendwann normal für
ein Kind, aber (.) man muss etwas erklären, was
bei anderen nicht zum Erklären ist, weil es nicht
vorkommt (*lacht*) (mhm).
So ist des, denk ich mir.

Aber, jeder wie er lustig ist und wie er selbst
glücklich ist. Ich finde es gut, dass der **Zwang**
aufgehoben wurde. Dass man gar keine Wahl
hatte. Ich meine, wann ist das gemacht worden?
Vor 6 oder 7 Jahren? (.) Bis dahin war ein
Doppelname glaube ich das höchste an
Toleranz, was möglich war (*lacht*).
Jetzt kann eben jeder machen, wie er lustig ist.
(.) Passt auch (*lacht*).

Die Frage, die ich mir stelle, ist eher, warum manche Leute gar nicht mehr heiraten wollen. Aber, ich weiß nicht, ob das etwas mit dem Namen zu tun hat?

Wenn sie sich nicht einigen können, wie sie heißen, dann heiraten sie lieber gar nicht? (mhm) Das ist nicht gerade der Sinn der Ehe, oder? (*lacht*) Wenn ich mir über das nicht einig werden kann, wie tue ich denn dann mein restliches Leben? Mit dem Haus und der Kindererziehung und mit was weiß ich was (lacht). (..)

Aber (mhm). (.) Also, ich hab jetzt kein – ich sage weder das eine ist richtig noch, das andere ist **nicht** richtig (mhm), weil, jeder muss wissen, was er will. Ich kann nur von mir ausgehen. Für mich war es **nie** ein Thema, ich hab gar nie darüber nachgedacht (mhm). (.) Für meinen Mann glaube ich auch nicht (lacht). (mhm). Und darum.

(Interviewerin: Und für dich passt es wie es ist?) Absolut.

(Interviewerin: Du vermisst deinen alten
Namen nicht?)
Nein, im Gegenteil, wenn, dann ist es eher eine
Erleichterung, weil, der jetzige ist klassisch
Deutsch. Früher habe ich „X" geheißen (*lacht*)
(aha). Das war mit Vogel-V und das hat kein
Mensch richtig schreiben können (*lacht*) (aha,
ok). Es hat für mich die Sache, wenn dann nur
vereinfacht (*lacht*). Nein. Ich bin jetzt aber auch
schon (..) 15 Jahre verheiratet.
Ich glaube, wenn ich ihn jetzt noch vermissen
würde, dann (..) hätte er mir so viel bedeutet,
dann hätte ich es vielleicht nicht gemacht
(mhm) (*lacht*). (..)

Also, ich hab mich selbst nie über meinen
Namen definiert. Wie gesagt, ich kann
verstehen, wenn Frauen einen Job haben, wo
das wichtig ist, wie man so schön sagt, wenn
der Name eine Marke ist (*lacht*) (mhm), oder
was, dann (.) gibt man das sicher net so leicht
ab, aber (.) das war bei mir nie so (*lacht*).
Oder als Autorin, wenn man einen Namen hat
(.) im künstlerischen Bereich (mhm) (..), aber
dann kann man einen Künstlernamen haben.
Das gibt es ja schon lange. Dass man im Beruf
sowieso ganz anders heißt (Ginge auch, ja).

Najo, manche heißen sowieso ganz anders
(*lacht*), da muss man ja seinen Künstlernamen,
oder den Namen, unter dem man auftritt oder
veröffentlicht, kann man sowieso hinschreiben,
was man will. Da kann ich als Sängerin
Kuckuck heißen oder so (*lacht*). Ist es auch
wurscht (*lacht*) (.)
Sonst fallt mir da jetzt auch nichts ein (ok, passt.
Danke).

Interview 6

Lange Zeit war ich sehr „stolz" auf meinen Familiennamen, weil er für viele Künstlerinnen und Künstler, politisch engagierte Menschen und Musikerinnen und Musiker stand…
Als ich meinen ersten Mann heiratete, wollte ich meinen Familiennamen deshalb auf keinen Fall hergeben, darum habe ich mich damals für einen Doppelnamen entschieden. Die beiden Söhne, die aus erster Ehe stammen, trugen anfangs sogar meinen Mädchennamen. Ich hatte mich damals aufgrund meines Germanistik Studiums auch intensiv mit Männer- und Frauensprache auseinandergesetzt, und mir war/ist die Gleichberechtigung der Frau ein großes Anliegen.

Als mein erster Mann und ich dann heirateten, entschieden wir uns – die beiden Söhne waren bereits auf der Welt – dafür, dass die Buben den Namen ihres Vaters weitertragen. Daher haben wir sie dann umschreiben lassen. Ich führte den Doppelnamen.

Einige Jahre später kam es zur Trennung und
dann zur Scheidung. Ich nahm meinen
Mädchennamen wieder an.
Ich kann mich erinnern, dass mich die
„Unauflöslichkeit" des katholischen Rituals sehr
belastet hat.
Ich verband die Namensänderung, also das
Annehmen meines Mädchennamens, ein wenig
damit, mir selbst „nachzuhelfen", und dem
Eheversprechen die Nachhaltigkeit zu nehmen.
Ich wollte das Alte gut abschließen, und der
neue „alte" (Mädchen-)Name war dafür ein
wichtiges Zeichen.

Dann lernte ich meinen zweiten Mann kennen.
Ich war reifer, auch geläuterter (damit meine
ich, entmutigt!), aber auch plötzlich Stiefmutter
von zwei kleinen Kindern. Ich wurde mit
meinem dritten Kind schwanger.
So viele verschiedene Namen?

Nein, ich war bereit, meinen Mädchennamen zu
ändern und den Namen meines zweiten
Mannes anzunehmen. Es fühlte sich sehr
stimmig an.

(Hatte ich damals- bei der Eheschließung mit meinem ersten Mann) geahnt, dass diese erste Ehe nicht halten würde, weil wir zu unterschiedlich waren?)

Der neue Name hat mir keine Probleme bereitet, ich konnte mich, genauso wie beim ersten Mal mit dem Doppelnamen schnell umgewöhnen.

In den ersten Jahren unserer Ehe bemerkte ich aber eine innere Veränderung: der Nachname verlor seine Bedeutung, und mein Vorname wurde viel mehr Teil meiner „Identität". Das hat viel Druck genommen, dass ich der Familie meines Mannes auf irgendeine Art und Weise „nachfolgen" muss… ich wollte ja weder der einen noch der anderen Familie „folgen".

Ich wollte in mir Selbstbestimmung und Autonomie als Frau und als Mutter, unabhängig davon, welchen Nachnamen ich wählte.
Dieses Thema beschäftigt mich heute noch, und mittlerweile weiß ich, dass diese „Namens-entscheidungen" oft innere Prozesse auslösen oder repräsentieren.

Mein Familienname ist da. Ich stamme von dieser Familie ab. Ich bin eben eine geborene „W.". Allerdings birgt dieser Name für mich auch die Denkmuster, Traditionen, Verstrickungen, die mit diesem Namen verbunden sind.

Es war wichtig für mich, andere Namen anzunehmen, auszuprobieren, wie es sich anfühlt, auch „Trennungsprozesse" mitzuerleben… und mich loszusagen als „Kind" dieser Familie, um als erwachsene Frau wieder dort einzutreten, unabhängig davon, ob ich nun diesen meinen Mädchenfamiliennamen weitertrage oder nicht.

Und ich kann jederzeit zurück, und meinen alten Mädchennamen wieder annehmen… falls es jemals ein Thema sein sollte.
Ist es aber nicht.

Im Alltag passiert es manchmal, dass mich Menschen, die mich schon lange kennen, mit meinem alten Mädchennamen ansprechen.
Das finde ich nicht passend, denn ich habe mich entschieden, den Namen meines Mannes zu tragen.

In Patchworkfamilien wirft das zusätzliche, spannende Formen auf: ich habe zum Beispiel den gleichen Namen wie die Kinder meines Mannes (aus seiner ersten Ehe). Da seine geschiedene Frau ihren Mädchennamen wieder angenommen hat, und mit einem Partner in Lebensgemeinschaft lebt, weisen wir – die Kinder meines Mannes und unser gemeinsames Kind – nach außen eine Einheit auf.

Meine leiblichen Kinder aus erster Ehe heißen nach wie vor so, wie ihr leiblicher Vater, und das passt gut. Vielleicht entscheiden sich meine Kinder aber irgendwann anders. Eines meiner Söhne sprach davon, meinen alten Familiennamen (wieder) anzunehmen, weil es sich mit meiner Herkunfts-Familie mehr identifizieren kann als mit der Familie seines leiblichen Vaters. Das finde ich sehr spannend. Darüber ist dann in unserer Familie eine allgemeine Diskussion über Nachnamen und Familiennamen entstanden. Zugehörigkeit wird nicht allein durch den gleichen Namen definiert, darin waren wir uns alle einig.

Durch diese Unterschiede allein in unserer
Familie sehe ich das Thema „Nachname" viel
entspannter, weniger dogmatisch und relativer
als noch vor einem Jahrzehnt.
Wir sind ohnehin ein bunter Haufen.
Und das ist gut so.

Was mich grundsätzlich aber irritiert hatte, war
die Ansicht vieler Familienaufstellerinnen, die
nach Hellinger arbeiten – diese vertreten die
Meinung, die Frau müsse dem Mann folgen,
sonst stehe die Ehe unter keinem guten Stern.
Solche dogmatischen und autoritären
Prinzipien lehne ich ab. In meiner Arbeit und
privat unterstütze ich Frauen dabei, ihren
eigenen Weg zu finden, unabhängig von ihren
Vätern und Müttern. Manchmal ist dabei die
Folge, dass die Frauen ihren Mädchennamen
behalten, manchmal eben nicht.

Im Zuge der Individualisierung in unserer
Kultur sollten viele verschiedene Möglichkeiten
umsetzbar sein! Männer wie Frauen müssen
ihre eigenen Lösungen finden.

Das erfordert Entscheidungen, die heraus-
fordernd sind, vielleicht, und es hilft uns

gleichzeitig, Gleichwertigkeit zu leben zwischen
Mann und Frau und in Familien.

Interview 7

Ich bin aufgewachsen als Tochter eines
Firmenchefs. Und mein Name hat mich schon in
der Volksschule belastet. Wann immer jemand
die Schule als Gast betreten hat: „Ah, das ist ja
die Tochter vom Firmenchef! Ah, die müssen
wir begrüßen!" War belastend.

Dann habe ich die Chance gehabt und habe
einen neuen Namen bekommen, weil ich
geheiratet habe. Dann habe ich Momente
gehabt, wo ich sehr viel intensiv geweint habe,
laut, dass ich endlich diese Qual los bin, meines
Familiennamens. Endlich bin ich befreit.

Es hat nicht lange gedauert, da habe ich
realisiert, dass ich jetzt aber meine
Identifizierung verloren habe und bin dann –
plötzlich trage ich den gleichen Namen wie
meine Schwiegermutter, mit der ich mich aber
überhaupt nicht identifizieren konnte. Und das
hat zirka zwei Jahre gedauert, dass ich mit
meiner Person und mit meinem Namen einen
neuen Platz gefunden habe.

Und jetzt bin ich geschieden und jetzt möchte
ich meinen Namen nicht mehr hergeben, weil
meine drei Kinder den gleichen Namen tragen
wie ich.

Aber ich bin mit meiner Namensgeschichte
noch nicht fertig. Wer weiß, was noch kommt.
Auf jeden Fall war der Name in meinem Leben
sehr oft sehr emotional und hat mich mit der
Identifikation meiner Person belastet.
Das wäre es jetzt einmal fürs Erste gewesen. (…)

Ein Doppelname ist für mich nicht in Frage
gekommen, weil ich nicht wollte, dass die
Kinder so lange Namen tragen. (…)
Ja. (…)

Ich habe meinen Mann geheiratet und mein
Mann hat eine Schwester, die hat meinen
Bruder geheiratet. Und dann war ich einkaufen
in der Innenstadt und der Kaufmann hat die
Menschen immer beim Namen genannt.
Und dann hat er gesagt: „Ja, Grüß Gott Frau
Maier" und meine Schwägerin kam auch
gerade. „Grüß Gott Frau Lagler!" und wir
haben uns angeschaut und beide nicht gewusst,
wer gemeint ist.

Ich habe das damals realisiert: Boa, ich bin jetzt
die Frau Maier. Es ist ja gar nichts da von der
Frau Maier. Weil, ich kenne ja die Frau Maier
schon seit vielen Jahren und für mich war ganz
klar, was sie macht, wie sie tickt, wie sie denkt.
Das war die Frau Maier, aber sicher nicht ich.
Und die, meine Schwägerin, die heißt jetzt
Lagler, die hat meinen Namen!
Ich bin das und nicht sie.
Sie ist eine Maier.
Und da hat das Ganze dann so richtig zum
Arbeiten angefangen, dass das alles miteinander
nicht zusammenpasst.

Meine Freunde haben Bescheid gewusst und
immer ganz liebevoll gesagt: „Ja, Frau Maier!"
Und das war aber nie lustig für mich, da hat es
mich jedes Mal geschreckt.

Und verschwunden ist das ganze Thema dann
durch die Liebe zu meinen Kindern, die den
gleichen Namen getragen haben.
Meine Erstgeborene, meine Tochter hat ja den
gleichen Namen wie ich gehabt und hat dann
auch im Zuge meiner Hochzeit den Namen
angenommen.

Wir waren der Meinung, das ist wunderbar, die ganze Familie hat den gleichen Namen.
Es hat sich aber herausgestellt, dass sie diesen Namen nie annehmen konnte und darunter gelitten hat, weil sie eine starke Verbindung zu Oma und Opa hatte. Den neuen Mann an meiner Seite, den hat sie nicht so gut annehmen können und wie sie dann 20 war, hat sie geheiratet und hatte endlich einen neuen Namen. Das war ihr Weg.
Für sie hat der Name nie gepasst.
Da haben wir etwas gemacht, was nicht in Ordnung war. (…) Ja.

Also bei der Geschichte, wie ich den Namen meines Mannes annahm, da war viel Verwirrung. Aber, bei der Geschichte wo ich diese Befreiung dieses prominenten Daseins erlebt habe, das war ganz tief emotional.
Das muss mich belastet haben im Kleinkindalter, wo ich es noch gar nicht mitbekommen habe.
Ich glaube, ich spüre es irgendwie, dass man immer dieses kleine Mädchen da irgendwo verwendet hat, bei den ganzen Begrüßungen oder was da war. Also, das war eine tiefe Befreiung.

Und jetzt, da ich geschieden bin, denke ich mir
manchmal, wer bin ich?
Meine Stammfamilie – soll ich den Namen
annehmen?
Ich bin noch nicht fertig, ich bin noch nicht
fertig.

Mein Spitzname war dann schnell – das ist das
Zweite – mein Rufname Babsi und mein
wirklicher Name Barbara. (…) Das ist für mich
überhaupt nicht klar. Ich merke, wenn ich neue
Kontakte knüpfe und mich jemand mit meinem
vollen Namen anspricht, dass der eine tiefere
Sympathie hat von mir aus. Ich glaube, ich fühle
mich wertgeschätzter.
Mein Spitzname – ich weiß nicht. Er ist mir so
vertraut, mein Spitzname, weil es ihn schon so
lange gibt. Der hat auch etwas Liebevolles.
So bin ich mit beiden Namen beschäftigt.
Ich habe keinen klaren Zugang, weder zum
Vornamen noch zum Nachnamen.

Und wenn ich viel Zeit habe, beschäftige ich
mich damit und sonst rennt es eben so. Aber
lustig ist es nicht. (…)
Ja. Lassen wir es einmal. (…)

Zu meinem Vornamen – das ist das kleine
Mädchen. Und als ich meine Tochter bekam,
nahm ich bald ein Arbeitsverhältnis auf und
habe ein Maschinendasein begonnen. Ich war
keine Frau mehr, sondern ich habe funktioniert.
Und ich habe gut funktioniert. Was ich
angegriffen habe, das war alles perfekt.
Und dann mit dem neuen Partner, die zwei
neuen Kinder und ich war einfach perfekt und
ich habe funktioniert.

Viel später dann, wo ich dann schwächer
wurde, weil die Maschine nicht mehr so
funktioniert hat, habe ich nachgedacht, wer bin
ich und was tue ich da überhaupt und so, da
habe ich meine Frau gesucht und ich habe keine
Frau gefunden.
Und in dem Prozess der Suche: „Wo ist meine
Frau?", ist der Name wiederaufgetaucht und
das war gleichzeitig.

Dann wollte ich irgendwie versuchen, den Weg
zu finden, eine Frau zu werden und da hat das
angefangen, dass ich wieder Barbara gerufen
werden will. Das ist eine ganz enge Verbindung
mit den Namen.

Vorher das Kind – und als Kind war aber glaube ich, nicht nur ich, sondern viele – damals war die Zeit so, dass wir nicht so wahrgenommen wurden – war ich wahrscheinlich auch schon eine Funktionsmaschine mit vielen Emotionen, die ich nicht zuordnen konnte. Das ist dieses – der Spitzname ist alles dieses Wesen.

Und mit meinem Namen, meinem Taufnamen, verbinde ich, dass ich der Mensch sein möchte, der ich wirklich bin. Ich glaube so, so spüre ich das und so war mein Prozess im Vornamen. Ich bin ja noch nicht fertig, vielleicht heiße ich in 10 Jahren Barbara.

Aber das Thema ist mir zum Beispiel ein großes Anliegen, dass wir Frauen alle unser Frausein hergeben für die Gesellschaft, für das Funktionieren der Familie und für das Funktionieren des Wirtschaftssystems geben wir – unsere Mutterliebe verkaufen wir und unser Frausein. Das spüre ich ganz stark.

Ich glaube nicht, dass das nur mein Thema ist,
sondern das ist überall drin, weil wir
funktionieren müssen für den Standard.
Und das tut weh, wenn man älter wird dann.
Zuerst nicht, zuerst ist es eh klass.
Und das hängt alles auch ein bisschen mit dem
Namen, glaube ich, zusammen.
Bei mir. Ok.

AUS- UND EINBLICKE

Ich bedanke mich sehr herzlich für die gegebenen Interviews. Sie ermöglichen Einblick in die verschiedenen Gemütslagen und Lebenssituationen. Manche Erzählungen lassen Ausblicke anklingen. Die Geschichte ist noch nicht zu Ende.

Während die einen stolz auf ihren Familienstammbaum sind, sind andere erleichtert, den belastenden Namen herzugeben. Manche haben wenig emotionalen Bezug zu ihrem Herkunftsnamen, es ist ihnen eher wichtig, neue Verbindungen zu betonen.
Tradition und die unkomplizierte Handhabung spielen ebenfalls eine Rolle, wie der Klang des Nachnamens.
Die Frauen denken bei ihrer Wahl, sofern sie eine haben, was die Änderung des Namens für die Kinder bedeutet. Und das Alter scheint einen großen Unterschied zu machen. Die Wahl des Nachnamens fällt anders aus, ob die Frau in ihren 20ern oder in ihren 30ern heiratet.

Die meisten Frauen verbinden ihren Familiennamen mit ihrer **Identität**.

Einige beschreiben deutlich einen Identitätsverlust durch das Hergeben ihres alten Namens, oder aber erleben zugleich eine Befreiung von Bürden. Wieder andere freuen sich über die neue Verbindung und das Loslösen vom alten Namen gelingt gut.

Ich möchte die Interviews nicht im Detail analysieren. Ich möchte sie wirken lassen und respektvoll mit jedem einzelnen umgehen. Jedes ist für sich wahr.

Abschließend stelle ich Fragen in den Raum.

Deutungen

Die nun folgenden freien Assoziationen können für dich gar nichts bedeuten oder doch Wahrheit in sich tragen.
Fühle in dich hinein.

Korreliert das Loslösen vom eigenen Familiennamen mit einer engeren **Verbindung** zum Partner und einer guten **Abgrenzung** zum Elternhaus?

Umgekehrt würde dies bedeuten, dass die
Person, die den Familiennamen weiterträgt, in
enger Verbindung zum Elternhaus und damit
weniger eng zur Partnerin steht.

Wie hängt das **Hergeben** des eigenen Familiennamens mit der Hoffnung zusammen,
woanders eine neue **Heimat** zu finden?

Annehmen und angenommen werden.

Wie ist die **Lösung** vom Elternhaus gelungen?
Ist es ein gutes Gefühl oder hängt das Hergeben
des Familiennamens mit der **Flucht** vor der
eigenen Geschichte zusammen?

Könnte das beidseitige Beibehalten des eigenen
Familiennamens für **Gleichwertigkeit** in der
Paarbeziehung stehen? Oder gleiche
Gewichtung von Frau und Mann?
Frau Müller-Maier und Mann Müller Maier.

Stehen getrennte Familiennamen für mehr
Freiheit in der Beziehung und weniger innige
Verbundenheit?
Frau Müller und Mann Maier. Miteinander
verheiratet, jedoch namentlich nicht verbunden.

Könnte die **Loslösung** vom Herkunftsnamen
und das Annehmen eines neuen Namens auch
für persönliche Freiheit und **Entwicklung**
stehen?

Frei sein für Veränderung?
Frei sein, neu zu wählen.

Hinter all dem steht die Frage:
Wer bin ich als Frau ohne Mann?
Wer bin ich als Mann ohne Frau?

Die Antwort kann nur jeder Mensch für sich
fühlen. Klingt bei dir etwas an?
Tun sich für dich neue Fragen auf?

Offen bleibt, wie die Männer das Thema sehen.
Diesbezüglich befinden wir uns am Anfang
einer spannenden Entwicklung.

Spürbar wurde in den Interviews, dass jede
bewusst getroffene **Entscheidung** für die
Frauen gut tragbar war. Egal, wie sie ausfiel.
Ein gemeinsamer Familienname kann genau so
„richtig" sein, wie ein Doppelname oder
getrennte Namensführungen.

Das **Spannungsfeld** erhöht sich jedoch, wenn die Auseinandersetzung mit der individuellen Namensbedeutung erst nach dem juristischen Akt fällt. Dass die Namenswahl etwas mit uns macht, wurde stark spürbar, wenn Frauen von mehreren Bezügen erzählten (Scheidung, Wiederverheiratung, Patchwork).

Namen trennen und verbinden zugleich.

Interessant ist die Frage, warum heiraten die Menschen weniger oft? Gefühlt gibt es deutlich mehr Lebenspartnerschaften.

Dazu aktuelle Daten von Statistik Austria. „Die Zahl der Eheschließungen lag in den 1980er und 1990er Jahren bei Ø 45.000 pro Jahr. Nach dem im Jahr 2001 erreichten Nachkriegs-Minimum (34.213) wurden in den 2000er Jahren bis 2014 jährlich durchschnittlich 37.000 Ehen geschlossen. Seit dem Berichtsjahr 2015 werden auch im Ausland stattfindende Ehe-schließungen von Personen mit Hauptwohnsitz in Österreich erfasst.
Die Zahl der jährlichen Eheschließungen stieg dadurch wieder auf Ø 45.200. 2019 erfolgten insgesamt 46.034 Eheschließungen, um 434 bzw.

0,9% weniger als 2018. Darunter waren 997 gleichgeschlechtliche Paare – 468 Männer- und 529 Frauenpaare. 193 Ehepaare, davon drei verschiedengeschlechtliche, wandelten ihre bestehende eingetragene Partnerschaft in eine Ehe um.

Das mittlere **Erstheiratsalter** (Median) stieg im Jahr 2019 seit Anfang der 1990er Jahre bei den Frauen von 24,3 auf 30,8 Jahre und bei den Männern im gleichen Zeitraum von 26,5 auf 33,0 Jahre (jeweils um 0,2 Jahr höher als 2018).“ (Statistik Austria, 14.03.2021)

Ich schließe daraus, wir heiraten, jedoch später. Die Scheidungsrate lag 2019 bei 40,7 Prozent (Statistik Austria, 14.03.2021).

Was mich noch beschäftigt hat:
Verschleppen wir im Bestreben für uns Klarheit zu schaffen eine Entscheidung, die dann unsere Kinder treffen müssen? Die Weiterführung der Doppelnamen ins Unendliche ist nicht möglich. Tobias Macher-Gruber, kann nicht Tobias Macher- Gruber-Müller-Maier heißen, sollte er eines Tages heiraten.
Wäre eine Mischung aus beiden Doppelnamen eine Idee? Tobias Grubma.

Oder Tobias Gruber-Maier.
Ist dann eine Verortung noch möglich, um die
Linien zurückzuverfolgen?

Andererseits gehört es zum Leben, Abschied
von Altem zu nehmen und sich für Neues zu
öffnen. Ist die Zusammensetzung zweier
Namen zu einem neuen ein möglicher Weg aus
dem „entweder - oder" Dilemma?

Kann die **Namenskreation** Lust und Spiel in
eine verbissene Angelegenheit bringen?

Namen neu denken

Könnte der Prozess der **Namensfindung** etwas Heilsames in sich tragen? Nämlich, die Auseinandersetzung mit meiner Geschichte und mit mir, meinem Wesen?

Was wäre, wenn wir Namen überhaupt neu (er)finden? Obwohl, so neu ist diese Idee nicht, wie wir im Exkurs zum Namensrecht gesehen haben. Auch in anderen Kulturkreisen ist dieser Zugang gelebte Wirklichkeit.

Im Buch Traumfänger wird beschrieben, dass Indianer ihrem Kind bei der Geburt einen Namen geben, jedoch davon ausgehen,

„…, dass eine Person sich weiterentwickelt und der Geburtsname deshalb irgendwann ausgedient hat." (…) „…es ist sogar wünschenswert, dass sich der Name eines Menschen mehrmals in seinem Leben verändert, da auch Weisheit, besondere Talente und die Rolle in der Gemeinschaft erst mit der Zeit immer deutlicher hervortreten" (Morgan, 1995, S 71 f.).

Was für ein schöner Gedanke. Es ist
wünschenswert, dass sich Namen im Laufe des
Lebens eines Menschen ändern, weil sich der
Mensch ändert.

Frage dich, passt dein Name zu dir?
Stimmst du mit dir?
Bist du die, als die du gerufen wirst?

Innere Wahrheit

Ob ein Name richtig oder falsch ist, kann nur
der Mensch sagen, der den Namen trägt.
Die innere Wahrheit ist fühlbar.
Die innere Stimmigkeit ist spürbar.

Marie Ebner von Eschenbach sagt:
> „Wir suchen die Wahrheit, finden wollen
> wir sie aber nur dort, wo sie uns beliebt.“

Die Worte von **Andre Gidèn** drücken die
Komplexität der Wahrheit gut aus:
> „Glaube denen, die die Wahrheit suchen
> und zweifle an denen, die sie gefunden
> haben.“

Dazu passt das Zitat von **Mahatma Gandhi**:
> „Ich bin der Wahrheit verpflichtet,
> wie ich sie jeden Tag erkenne,
> nicht der Beständigkeit.“

Damit ist gemeint, was vor 10 Jahren richtig
und stimmig war, fühlt sich heute vielleicht
falsch an. Was für mich heute passt, muss nicht
auf ewig von Dauer sein.

Die **freie Namenswahl** bedeutet für mich eine **Gleichstellung** von Mann und Frau. Sie gibt Raum für persönlichen **Ausdruck**.

Ob so oder so.

Ich wünsche dir von Herzen, dich gerufen zu fühlen, wenn du bei deinem vollen Namen genannt wirst.

QUELLEN

Demmerle, Eva (2016): Das Haus Habsburg. Ullmann.

Marlo, Morgan (1995): Traumfänger. Die Reise einer Frau in die Welt der Aborigines. Goldmann Verlag: München.

Zaussinger, Sarah (2009): „Die Vorrangstellung des Mannes bei der Bestimmung des Ehenamens" Eine rechts- und kultursoziologische Untersuchung zur Namenswahl bei der Eheschließung in Österreich. In: Die historische Entwicklung der Namensgebung (univie.ac.at) [07.02.2021]

Namensführung (2021): In: Namensführung nach der Eheschließung (wien.gv.at) [07.02.2021]

Gleichheitssatz (2021): In: Gleichheitssatz (Definition Österreich) - RechtEasy.at [27.02.2021]

Statistik Austria: Eheschließungen (statistik.at) [14.03.2021]

Statistik Austria: Ehescheidungen (statistik.at) [14.03.2021]

Zur Autorin

Martina Stubenschrott
(geboren 1983) lebt mit ihrem
Mann und ihren drei Kindern
am Land.
Sie schreibt nach Herzenslust
quer durch den Obst- und
Gemüsegarten der
Literaturgenres.

Ob feinfühlige Sachbücher, spannende
Liebesromane, humorvolle Gesellschafts-
romane, abwegige Spruchbücher oder aus dem
Leben geschöpfte Kinderbücher. Martina lässt
sich auf die Themen ein, die sie berühren.

Wenn Martina gerade nicht schreibt,
arbeitet sie als Beraterin in der aufsuchenden
Familienarbeit und bewegt sich gern in der
Natur.

Martina Stubenschrott und Christiane Krieger

Urlaub – Schlimmer geht immer

Die Elfriede is zutiefst enttäuscht.
Sie bereut ihre Entscheidung bitter,
denn der geliebte Gatte ist im
Sternzeichen Widder. Der sture Bock
geht weder mit Wandern noch
Radlfahrn oder Baden und sicher net
in der Sauna sitzen und schwitzen.
Er is do net deppat. Im Urlaub wird
sich net angstrengt. Auf die
Tagesausflüge scheißt er a.
Za wos braucht er Kabarett, Theater, Museen und
Kultur. Sowas is für die Leit, die nix zum Tuan hobn
nur. Er ist ein Mann von Bedeutung und daham
warat no des Vogelhaus zum Reparieren und as
Radl zum Schmieren.

Ob Urlaub als Paar, mit Familie, Freunden oder
Schwiegereltern, schlimmer geht immer. Die teils in
Mundart verfassten Gschichtln beleuchten mit
Humor und Ironie die österreichische Seele. Es
menschelt. Beim Versuch, das Phänomen Urlaub zu
verstehen, driften freischwebende
Gedankenassoziationen in bunte Gefilde ab.

ISBN: 978-3990935378, Verlag MyMorawa

Martina Stubenschrott

Bad Lovers. Die zweifelhafte Kunst auf sich selbst zu scheißen.

Eine junge Frau taucht ein in die sexuelle Welt. Traum trifft hart auf Realität. Es wird Klartext gesprochen. Frei von der Leber weg und mit viel Schmäh, erzählt sie über ihre sexuelle Odyssee "Mr. Right" zu finden. Am Ende ihrer Irrfahrt zieht sie ein nachdenkliches und kritisches Resümee. Sie fragt sich, was ihre  Erfahrungen mit den Werten und Rollenbildern in unserer Gesellschaft zu tun haben.

Ein humorvoller, bitterböser, kritischer und ermutigender Roman, das Leben selbst in die Hand zu nehmen und aktiv zu gestalten
- für guten Sex
- für das gute Leben
- für ein kurzweiliges Lesevergnügen

ISBN: 978-3990706718, Verlag MyMorawa

Martina Stubenschrott und Uschi Feil

Was?!? Ich hab Haare?

Warum zum Teufel hab ich
eigentlich so viele Haare am
Körper? Wozu sind die gut?
Eine humorvolle Annäherung an
ein haariges Thema. Einfach,
informativ und mit Schmäh
versetzt. Liebevoll illustriert.

ISBN: **978-3990842966, Verlag MyMorawa**

Martina Stubenschrott

Mensch sein. Versöhnung

Gedichte und Gedanken zur
Versöhnung ...sich selbst
liebevoll verstehen, unserer
Welt achtsam begegnen, in der
Unvollkommenheit die
Schönheit erkennen und die
Gezeiten des Lebens annehmen.

ISBN: 978-3990705797, Verlag My Morawa

Martina Stubenschrott.

family secrets
Familiengeheimnisse

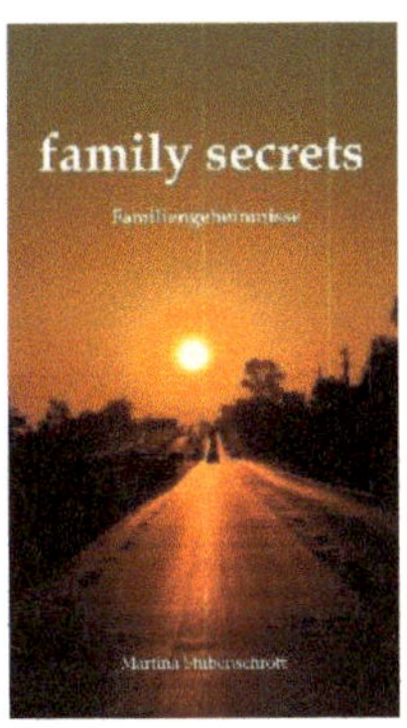

Alicia Leroy, eine junge, toughe Französin und talentierte Nachtclub-Tänzerin, bestreitet ihr Einkommen mittels „legal and illegal deals" in Paris. Dazu setzt sie alles ein, was sie zur Verfügung hat: „mind, body and soul". Abgesehen von ihrer besten Freundin Zoe, gibt es niemanden, der ihr etwas bedeutet. Unter schwierigen Umständen aufgewachsen, kämpft sie ganz allein für sich selbst. Ihr Handeln wird bestimmt von der klaren Vision, irgendwann einmal einen eigenen Club zu besitzen. Noch ist sie jedoch meilenweit von ihrem Ziel, unabhängig zu sein, entfernt. Was hilft das ganze Know-how, wenn das nötige „petite monnaie" – Kleingeld fehlt? Um ihren Traum zu verwirklichen, lässt sie sich auf ein illegales Geschäft in den USA ein. Ohne zu ahnen, welche Konsequenzen ihre Entscheidung hat. Der geplante Kurztrip nach Kalifornien, Los Angeles, fordert sie heraus, sich ihrer größten Angst zu stellen. Und dann ist da noch dieser heiße Typ, der sie ungeniert „anmacht" und Lust auf „mehr" entfacht...

ISBN: 978-3990706978, Verlag My Morawa

Band 2: family troubles – Familienprobleme
Band 3: family tensions – Spannungen